LETTRE

QUI

POURRA DONNER DE JUSTES IDÉES

SUR LE SORT

DE SAINT-DOMINGUE.

LETTRE

QUI

POURRA DONNER DE JUSTES IDÉES

SUR LE SORT

DE SAINT-DOMINGUE;

Par M. MOREAU,

PENSIONNAIRE DU GOUVERNEMENT.

——————

PARIS,

Chez { DELAUNAY, Libraire, Palais-Royal, galeries de bois;
PÉLISSIER, Libraire, Palais-Royal, cour des Offices.
VENTE, libraire, boulevard des Italiens.

MAI 1819.

Les divers écrits qui paraissent depuis quelque temps sur les causes qui ont pu entraîner la perte de Saint-Domingue, et sur les moyens de la rétablir, me donnent l'idée de faire paraître aussi l'extrait d'une lettre que j'ai retrouvée dernièrement parmi mes papiers et qui me fut écrite par un de mes amis, M. de Marcheville, lors de l'occupation de cette colonie par l'armée expéditionnaire sous les ordres du capitaine général Leclerc. L'extrait que je me décide a publier aujourd'hui pourra peut-être offrir quelques vérités bien essentielles, en fixant enfin l'opinion sur les moyens de reconquérir St-Domingue, conquête qui, selon quelques écrivains, ne saurait avoir lieu; mais il faut espérer que bientôt les circonstances offriront au Roi la facilité de ravoir cette colonie, et c'est alors que l'on jugera des erreurs de ce système que cherche à propager aujourd'hui une fausse philantropie.

LETTRE

QUI

POURRA DONNER DE JUSTES IDÉES

SUR LE SORT

DE SAINT-DOMINGUE.

Au Port-au-Prince, le 17 frimaire an XI.

Partie de l'ouest de Saint-Domingue.

En arrivant à Saint-Domingue le général Leclerc fit sans doute de grandes fautes; mais la plus fatale, la plus désastreuse de toutes, celle qui entraîna le plus précipitamment la colonie à sa perte, est d'avoir maintenu les *séquestres* et les *fermes*. Envoyé à St-Domingue pour en faire la conquête, pour arracher des mains usurpatrices de Toussaint Louverture les rênes d'un gouvernement odieux, il devait naturellement faire disparaître jusqu'aux traces les plus légères de cet *homme-monstre;*

il devait savoir que, sans la justice, il n'existe ni pouvoirs, ni forces véritables. Le tyran vaincu, il laissa subsister l'ouvrage du tyran. Que devait-on penser, que devait-on augurer d'une telle manière d'agir ?

Oui, le général Leclerc eût tout sauvé, il eût épargné une surabondante effusion de sang, si, dès l'instant que ses premiers pas furent affermis sur les rivages de la colonie, il eût hautement et franchement annoncé dè protectrices intentions, et si en même temps qu'il combattait, qu'il anéantissait la horde assasine d'une main, il eût de l'autre rétabli sur ses propriétés cette masse infortunée et respectable d'habitans; tous eussent été pour lui un rempart inexpugnable ; tous alors armés d'une courageuse reconnaissance se seraient pressés autour de lui, et il se serait vu toujours environné de légions aguerries et familiarisées, pour ainsi dire, avec les dangereuses influences du climat. A ce précieux avantage, se trouvait nécessairement lié celui d'avoir à ses côtés des hommes parfaitement éclairés sur le caractère véritable des ennemis qu'il avait à réduire, et il n'eût pas été si traîtreusement trompé par le faux masque de candeur et de repentir dont se couvraient les scélérats pour arriver jusqu'à lui, et obtenir ce pardon facile et généreux qu'accorde toujours la force et la valeur triomphantes, et dont les perfides ont si lâchement abusé.

Il n'y a pas de doute, et il n'en saurait exister, sur l'importance de l'expédition du général Leclerc, une des plus difficiles à remplir pour parvenir au but et au résultat qui lui avaient été indiqués ; il fallait long-temps marcher ou sur des ruines, ou au milieu d'intérêts divers, qui tous se froissaient tumultueusement les uns avec les autres ; il a cru qu'en ménageant d'une manière plus particulière et plus directe les intérêts des révoltés, illusoirement soumis, ce serait les contraindre à l'obéissance et à un retour sincère vers la paix ; mais, hélas ! pourquoi ne savait-il pas que la main du scélérat se désarme, et que son cœur ne change jamais ?.....

Pendant tout le temps qui s'écoulait, soit en combats, soit en triomphes, soit en pardons de la part du général Leclerc, les maladies se portaient avec une effrayante rapidité dans les rangs déjà éclaircis de son armée, et, chaque jour affaiblie, cette armée s'est enfin réduite à une nullité presque totale. Forts de notre faiblesse, audacieux de notre clémence,

les scélérats se sont alors ouvertement démas-
qués; les désertions des troupes noires sont
devenues générales; endormis du sommeil du
crime, les mulâtres se sont réveillés, et avec
eux leurs prétentions insensées : d'une extré-
mité à l'autre de la colonie s'est organisée
une chaîne d'insurrections, et le signal de la
révolte, d'abord donné au nord de la colonie,
a, comme le feu électrique, parcouru cette
chaîne jusqu'au sud.

Il fallait envisager St-Domingue comme es-
sentiellement colonie agricole. Accorder une
protection exclusive, des encouragemens dé-
cidés à l'agriculture, c'était en même temps
les accorder au commerce. Quoique sans cesse
rivalisant ensemble, ces deux états n'en sont
pas moins étroitement liés entr'eux; ils ne
s'abandonnent jamais, et vous ne pouvez dé-
truire l'un qu'en détruisant l'autre; c'est l'or-
meau que vous abattez; il sèche, il meurt, et
le lierre fidèle, qui de ses mille bras le pressait,
meurt avec lui.

Trop tardivement le général Leclerc, re-
venu de ses erreurs, appela à lui les lumières qu'il avait jusques alors négligées;
c'est alors qu'il connut combien sont pré-
cieuses les lumières de l'expérience; son

conseil, son camp se peuplèrent aussitôt de ces mêmes habitans d'abord dédaignés, et de nombreux bataillons se formèrent aux premiers cris de sa voix. A l'aide de ses nouveaux conseils, dans le silence du cabinet, il s'occupait activement à mûrir, à tracer un plan général d'organisation pour St. - Domingue, quand tout-à-coup et inopinément il fut attaqué dans la propre capitale de la colonie, n'ayant plus que quelques débris languissans des braves de l'armée venue de France ; c'était au milieu de la nuit, à l'instant où la valeur assoupie, se trouvant brusquement surprise, demeure presque sans défense : ainsi attaqué, le général Leclerc pouvait succomber, l'ennemi était en force ; mais il vit les nouvelles légions formées d'habitans, pleines d'ardeur, de vaillance, s'élancer, se précipiter partout où le danger semblait le plus éminent. Sa vie même, vivement menacée pendant la durée du combat, fut préservée par le chef de la garde nationale, vieux militaire, (*) et

---

(*) M. de Touzard, ancien lieutenant-colonel du régiment du Cap ; il perdit son bras gauche, lors de la guerre des Etats-Unis ; excellent officier d'artillerie.

par un jeune propriétaire Créole (**). L'ennemi fut repoussé, dispersé, vaincu.

C'est dans cet état de choses, c'est après onze jours de maladie, c'est après avoir échappé cent fois au trépas, au milieu des combats, soit en Europe, soit à St.-Domingue même, que la mort vint surprendre le général Leclerc, et l'enlever à nos renaissantes espérances. Le général Leclerc ne fut que trompé ; jeune, valeureux, plein de moralité, s'il fut coupable d'erreurs, n'attaquons que les méchans qui l'approchèrent. Avec autant de facilité que de promptitude, il serait parvenu à reparer les maux qu'involontairement sa main abusée avait fait à St.-Domingue.

La situation actuelle de la colonie offre peut-être de nouvelles difficultés à vaincre au chef qui succède au général Leclerc : depuis long-temps ce chef était désigné par l'opinion et les vœux secrets de tous ceux qui rendent justice aux talens et à l'expérience nécessaires pour ramener l'ordre, la paix, la confiance, et rouvrir enfin dans la colonie ces

-----

(**) M. de Bauduy, fils d'un conseiller de l'ancien conseil supérieur du Port-au-Prince, aujourd'hui maréchal-de-camp.

inépuisables sources de richesses, qui servirent autrefois, et durant plus d'un siècle, à établir cet utile et glorieux équilibre entre le commerce de la France et le commerce de cette nation fière et superbe, dont le pavillon couvre en tous temps, en tous climats, le vaste empire des mers.

C'est lors de l'apparition première de notre armée à St.-Domingue, c'est lorsqu'elle était en pleins succès, lorsque tous les chefs brigands étaient ou pris, ou rendus, qu'ils étaient à notre entière disposition, c'est alors que la déportation générale de tous les révoltés, particulièrement à épaulettes, était d'une nécessité absolue, et devait indistinctement s'effectuer; de même que le corps humain, le corps politique se purge, se débarrasse de tout ce qui peut nuire à sa vigueur; une humeur laissée et négligée replonge bientôt le malade dans les mêmes dangers, dans la même agonie dont il était sorti; ainsi les chefs d'une rebellion et leurs subordonnés, s'ils ne sont bannis des lieux de la révolte, peuvent y rallumer encore le feu et la discorde, car celui qui a goûté une fois des honneurs de l'absolu commandement ne se soumet qu'avec peine à l'obéissance de sujet, et se réduit avec plus de difficulté encore aux soumissions d'un coupable qui s'est rendu. Sa situation étant violente, sa fidélité ne dure que le temps dont il a besoin pour trouver de nouveaux moyens d'exciter un autre soulèvement.

L'espérance de la multitude en rebellion ne s'abat point, tandis qu'elle se voit encouragée par un chef qui la conduit à la révolte ; car une des choses monstrueuses de cet horrible corps est de ne pouvoir se mouvoir par ses pieds, mais seulement par une tête étrangère. « *Toute multitude*, dit Tite-Live, *est comme* « *la mer, immobile par elle-même.* »

« *Omnis multitudo, sicut mare, per se im- mobilis est.* »

Maintenant est-il nécessaire d'indiquer au nouveau chef qui nous gouverne (***), et qui remplit nos cœurs d'espérances, les moyens à employer pour sauver la colonie du nau- frage qui la menace ? Non, d'une main habile et hardie il saura diriger la marche du vais- seau. Ce chef a une étude longue et appro- fondie du régime convenable à établir à St.- Domingue, et, pour arriver à ce régime, son seul caractère de militaire doit d'abord le

---

(***) M. De Rochambeau.

conduire, et c'est déjà nous promettre une victoire assurée. Il sait qu'une disparition totale de St.-Domingue, de plus de quinze mille individus soit blancs, soit mulâtres, soit noirs, est d'une nécessité aujourd'hui trop bien reconnue pour ne pas être exécutée. Il sait que les troupes qui vont être incessamment mises à sa disposition, après avoir obtenu les triomphes inséparables de l'avantage de combattre sous ses ordres, doivent être ensuite disséminées sur différens points de la colonie, surtout loin des villes, mais au milieu de nos compagnes, où un air salubre, où des soins continuels et généreusement donnés à ces troupes les garantiront des malignes influences qu'elles n'éviteraient point si on les confinait encore dans nos villes malsaines ; il sait......., mais il sait tout ce qui doit le conduire à un prompt et heureux résultat, et je termine.

J. DE MARCHEVILLE.

IMPRIMERIE DE CHAIGNEAU FILS, rue de la Monnaie, n° 11.